天上的太阳有瑕疵，何况人间！

糯糯星球 编绘

中国妇女出版社

[redacted]

图书在版编目（CIP）数据

天上的太阳有瑕疵，何况人间！ / 糯糯星球编绘．
北京 ：中国妇女出版社，2025．9．-- ISBN 978-7-
2541-6

Ⅰ．B84-49

中国国家版本馆CIP数据核字第2025DX5939号

责任编辑：丁　鼎
封面设计：糯糯星球
责任印制：李志国

出版发行：中国妇女出版社
地　　址：北京市东城区史家胡同甲24号　　邮政编码：100010
电　　话：（010）65133160（发行部）　　65133161（邮购）
网　　址：www.womenbooks.cn
邮　　箱：zgfncbs@womenbooks.cn
法律顾问：北京市道可特律师事务所
经　　销：各地新华书店
印　　刷：水印书香（唐山）印刷有限公司

开　　本：130mm×185mm　1/32
印　　张：7.5
字　　数：100千字
版　　次：2025年9月第1版　　2025年9月第1次印刷
定　　价：66.66元

谨以此书献给热爱生活的你。

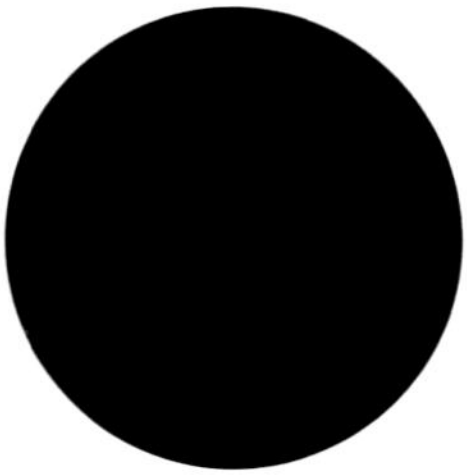

掷就好了

我们自己是体验到幸福的唯一来源

学习、工作、生活……日复一日，年复一年……不知道从什么时候开始，压力悄悄地跟在了我们身后，如影相随，日益增大。与压力相伴的日子，也渐渐成了稀松平常的日常。在这样的日子里，你是不是总感觉自己孤身悬在绝壁之上，既想继续向上攀爬，追求梦想；又想暂时退回到山下，躲开压力；在绝壁处进退维谷，难以自处？

人的压力值就如同一个蓄水池。无论是学习、工作还是生活，都在不停地往里倒水，你的压力值自然会越来越大。这时候，我们要学会从这个蓄水池里往外排水。停一停、歇一歇、躺平一下，就一定是消极的反应吗？反过来想一想，调整好自己的状态，让自己不被压力打垮，在降低自己的压力值后更好地去迎接生活里的一切可能性，这不也是一种前进吗？

正如萨特在《存在与虚无》中所说："人像骰子一般，把自己投掷到人生之中去。”人生充满了不确定性和各种变数，就像投掷骰子一样。我们每个人在生活中面临的压力各不相同，如何在各自的生活中寻找到自我的平衡就成了每个人独有的课题。萨特通过骰子的比喻告诉我们：人虽然无法完全掌控自己的命运，但可以通过积极的行动和选择，去勇敢地面对未知，迎接生活中的种种可能性。

萨特还说过：“生活在没有人去生活之前是没有内容的，它的价值恰恰就是你选择的那种意义。”通过积极地参与和选择生活，我们能够赋予生活独特的价值和意义。积极心理学中也有这样一个理论：“我们自己是体验到幸福的唯一来源。我们可以通过可衡量的、目标明确的活动，掌控自己的生活，自己来激活愉悦、享受、满足、爱等幸福感。”

谨以此书，献给在生活中攀爬的你。愿《天上的太阳有瑕疵，何况人间！》能帮助你排解压力，激活幸福感，体验生活中的愉悦、享受、满足和爱。

天上的太阳有瑕疵，何况人间

莎士比亚

多少次我曾看见灿烂的朝阳，
用他威严的眼睛照耀着山顶，
金色的脸庞亲吻碧绿的草地，
把黯淡的溪流镀成一片金黄；
转瞬之间允许最卑贱的乌云
带着黑影掠过他天国的脸颊，
把他从这凄凉的世界藏起来，
偷移往西方去埋藏他的污点；

同样，我的太阳曾在一个清晨
带着炫目的光华临照在我前额；
但是唉！他只片刻时间属于我，
下界的乌云已经把他和我隔离。
但我的爱却并不因此把他轻蔑，
天上的太阳有瑕疵，何况人间！

世界上仅有一个你，
没有人可以取代你。

焦虑是握紧的拳头，

摊开掌心就有光落进来。

当你背向太阳的时候，

你只看到自己的影子。

——纪伯伦

我的幸运号码？掷一个吧！

连续掷6次骰子，把掷中的6个数字写下来，

然后当作你的幸运号码吧。

你要接受你心里的四季，

如同你常常接受田野上度过的四时。

——纪伯伦

闭上眼睛，
深呼吸，
张开手掌，

感受风穿过指间的轻柔。

你是不是经常被生活压得喘不过气？

来，深呼吸放松一下吧！

骰子掷到几，就做相应次数的深呼吸。

7次　8次　9次

10次　11次　12次

如果你的难过无处诉说，

那就抬头看看天空吧。

它那么宽广，

一定可以包容你所有的委屈。

你有多久没抬头仰望天空了？
打开窗户或走到户外，
抬头望望天空吧！

骰子掷到几，就看相应的几十秒。

10秒	20秒	30秒
40秒	50秒	60秒

你不用强迫自己快乐，

要允许自己
在开心的时候笑，
在难过的时候哭。

接受自己的喜怒哀乐，
然后为每一种情绪找到一个宣泄口。
1次
2
2次
3
3次

当你感到极度压抑时，

掷1次骰子，

然后找一个空旷的地方喊几嗓子吧！

4 4次

5 5次

6 6次

也让今日用回忆拥抱着过往，

用希望拥抱着将来。

——纪伯伦

早上好，

如果我们不再相见，

也祝你

下午好，

晚上好，

晚安。

——《楚门的世界》

2
3
4
5
6

真正的好电影，像带你走过了一段人生。

找出6部没有看过的高分电影，

把电影名写在左边，

掷1次骰子，去看掷中的那部电影吧。

发自内心的笑，

就是最好的解压密码。

找出6部一直想看却没看过的喜剧类型的电视剧，

掷1次骰子，腾出一段空闲时间，

一口气看完掷中的那部电视剧吧。

 ________  ________  ________

 ________  ________  ________

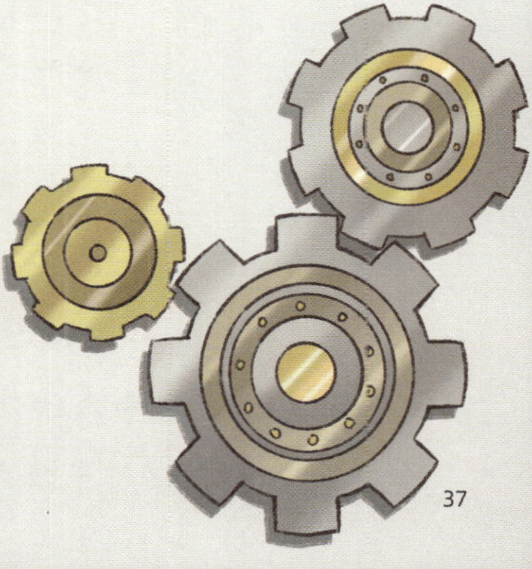

当我把“这种事为什么会发生在我身上”的
想法换成“这种事教会了我什么”的时候，

我感到我的内心生出了一种叫“坚毅”的东西。

完美的性格应该是这样的：过一天就好像是过最后一天似的，不激动、不麻痹、不虚伪。
糯糯星：好可爱的杯子！
糯糯多：糯糯米，看见你家的小可爱啦，等我去把它偷走(●'◡'●)!
糯糯车：好舒畅的天气，好悠闲的生活！
：糯糯米，明天一起吃饭吧！

写下6句你想当成座右铭的话，

掷1次骰子，

把掷中的那句话设置成你社交软件的签名吧。

1. ______________________

2. ______________________

3. ______________________

4. ______________________

5. ______________________

6. ______________________

倘若那

吹箫的和歌舞的人来了，

买下他们的礼物吧。

因为他们带来的事物，

虽然梦幻，却是你灵魂的衣食。

——纪伯伦

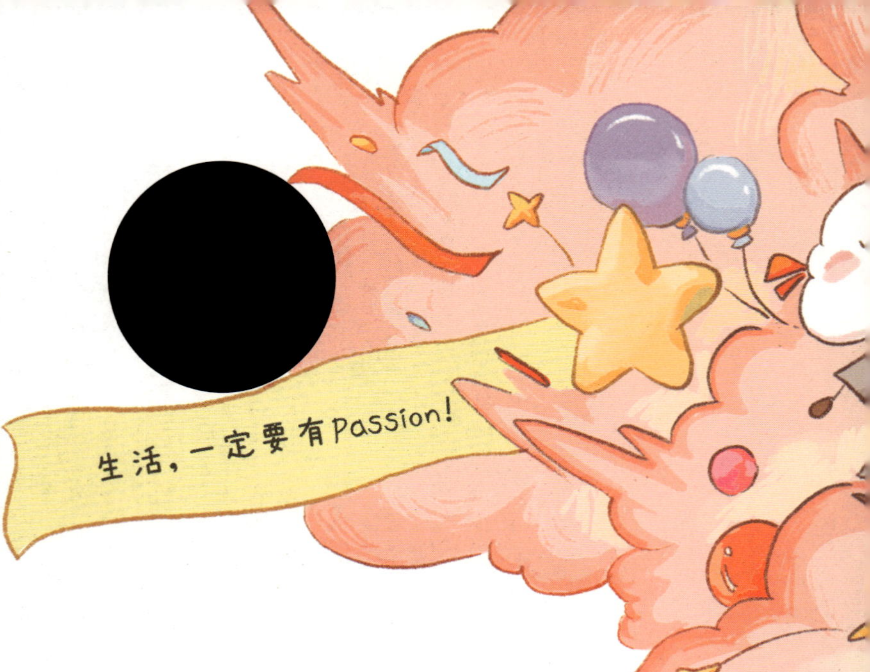

将自己想去现场感受的
话剧、相声和脱口秀列出来，
掷1次骰子，去观看掷中的那一场吧。

1 ________　2 ________　3 ________

4 ________　5 ________　6 ________

小花

普希金

我在书中发现了一朵小花，
它早已干枯了，也不再芬芳，
因此，我的心里就充满了
许许多多奇异的遐想：

是哪一个春天，在哪一处
它盛开的？开了多长时间？
是谁摘下的？是外人还是熟人？
为什么会放在这本书的中间？

可是为了纪念温柔的相会？
还是留作永别的真情？
或者只是由于孤独地漫步
在田野的幽寂里，在林荫下？

是他还是她？还在世吗？
哪一个角落是他们的家？
啊，也许他们也早已枯萎了，
一如这朵不知名的小花？

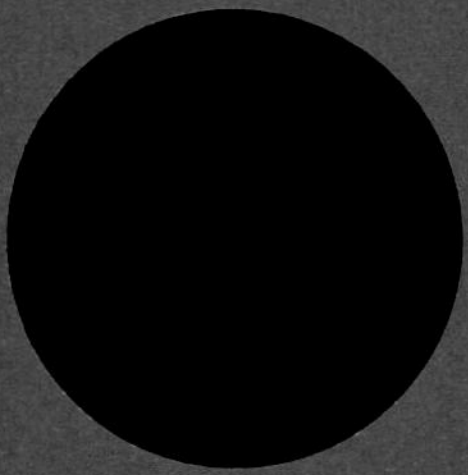

有的人喜欢买不实用的东西，

他们比一般人想象的更聪明。

因为，

他们买的是小小的梦。

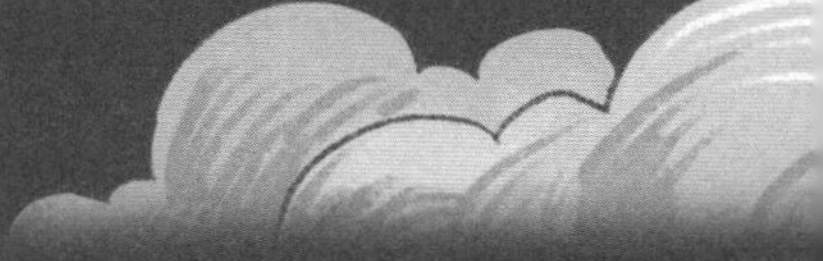

[redacted]

在购物平台上搜一下“手办”

找出6款自己喜欢的，

掷1次骰子，

买下对应的那款手办吧！

[redacted]

4 ______　　5 ______　　6 ______

[redacted]

我们的心便是这样，
爱流动、
　爱飞逝、
　　爱生命。

——黑塞

如果生活是一本厚重的书，

那么花就是书中的插图。

每一次与花的相遇，
都是平淡生活中
一抹动人的色彩。

找6种喜欢的花朵，

掷1次骰子，

把掷中的那种花养在花瓶里吧。

 ________

____

____

____

____

____

天气变幻无常，

如人生一样。

看似平常的日子，

也总有意外来袭。

只要我们珍惜当下，

那每一天都是生活的馈赠。

下面有6种折纸的形式，

掷1次骰子，

去学会掷中的那种吧。

- 纸飞机
- 2 纸青蛙
- 3 纸蝴蝶

4 纸兔子　5 纸鹤　6 纸船

快乐

当所有人都在说“情绪稳定”的时候，

有谁会关心你正在经历什么呢？

下面有6种不同的心情，

掷1次骰子，

以掷中的心情为主题，

给糯糯米画上表情吧！

1 开心　2 难过　3 生气

4 惊喜　　5 害怕　　6 哭泣

听说过“3分钟启动法”吗？

想做什么事，

先让自己行动起来，

只做3分钟。

找出自己喜欢的6张图片，

掷1次骰子，

将掷中的图片设定成自己的头像吧。

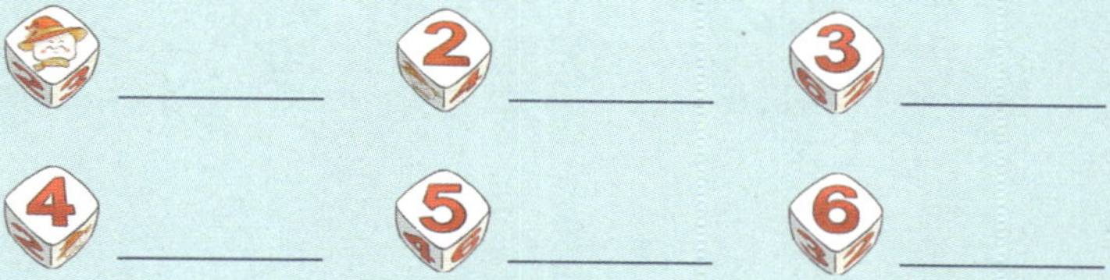

生活如同一个接着另一个的

魔术中凭空出现的白鸽一样，

你永远不知道

下一秒有怎样的惊喜。

下面有6项简单的小魔术，

掷1次骰子，

1 硬币消失术 2 心灵感应猜数字 3 纸牌复原

去学会掷中的那项魔术吧。

4 橡皮筋穿透术　5 水杯悬浮术　6 扑克牌预言术

我们什么也带不走，
什么也不增加，
我们只是经过，
然后遗忘，

而太阳每天都很准时。

——佩索阿

知道摩斯密码吗？
当你学会这神秘又
独特的表达方式时，

A: · −	H: · · · ·	O: − − −
B: − · · ·	I: · ·	P: · − − ·
C: − · − ·	J: · − − −	Q: − − · −
D: − · ·	K: − · −	R: · − ·
E: ·	L: · − · ·	S: · · ·
F: · · − ·	M: − −	T: −
G: − − ·	N: − ·	U: · · −

掷1次骰子，学会掷中那个词的摩斯密码吧。

 YES

 NO

 LOVE

你就有了一个

属于自己的加密频道。

) 读作“嘀”，(—) 读作“嗒”。

4 SOS

5 SECURE

6 DANGER

[redacted]

写歌和唱歌不是歌手的专利，

我的意思是，

不试试怎么知道自己做不好呢？

选出自己喜欢的6首歌，

掷1次骰子，

打开手机的录音功能，

将掷中的那首歌唱出来吧！

写在沙上（节选）

黑塞

那些玫瑰花瓣上的露珠，
那些小鸟的欢乐，
那些云彩的消逝，
那些闪亮的雪花、彩虹，
那些翩翩飞舞的蝴蝶，
那些欢快的笑声，
那些我们匆匆掠过的瞬间，
那些能够让我们感到喜悦或痛苦的事物。
我们热爱与我们相似的东西，
也理解风写在沙上的文字。

成为诗人不是我的渴望，

而是我独处的方式。

——佩索阿

下页有6个主题，
掷1次骰子，
以掷中的主题为标题，
写一首自由体小诗吧。

生命

2 回响

3 自我

4 曙光

5 自由

6 时光

是的，

我知道我来自何处！

我像那火焰一样永不满足，

燃烧着，消耗着。

我发出了光辉，

我丢弃了灰烬，

我就是那火焰！

——尼采

幽深的林间夜莺停止了鸣唱，

湛蓝的天空，划过一道星光；

月亮穿过树枝投下了深情的一瞥，

把小草上的露珠照得明澈透亮。

——尼基钦

冥想可以降低心率，
放松大脑，
帮助消除压力。

掷1次骰子，掷中几，

每次就坚持冥想相应的时间，

坚持7天吧。

- 1 2分钟
- 2 3分钟
- 3 5分钟
- 4 6分钟
- 5 8分钟
- 6 10分钟

往前走吧，

一直走到绝望，

然后走到柳暗花明。

每天散步30分钟，

可以降低焦虑感。

掷1次骰子，掷中几，就坚持散步相应的天数吧。

 5天　　2 6天　　3 7天

4 8天　　5 9天　　6 10天

[redacted]

常，我被包围在形形色色的人群中。

——莱蒙托夫

掷1次骰子，

找一天时间，

掷中几，

就去附近的森林公园里徒步相应的时间吧。

1 30分钟	2 40分钟	3 50分钟
4 60分钟	5 70分钟	6 80分钟

允许一切发生，

然后接受发生的一切。

请记得，

凡事发生，

皆利于我。

利我强大，

利我坚韧，

利我逢凶化吉，

利我天坚不摧。

[redacted]

写出自己想去
体验的6项运动，
掷1次骰子，
去体验掷中的那项运动吧。

 ________ 

________ 

____

4 ________ 5 ________ 6 ________

小景

迈科夫

我喜欢在林中小径漫步，
到处徘徊，不问东西；
沿着两道深陷的车辙
信步走在没有尽头的道路上……
环顾四周，森林郁郁葱葱，
枫叶泛红似火，
而云杉依旧苍翠欲滴；
黄杨树在风中呼啸，
白桦林的落叶翩然起舞，
宛如地毯铺满了小路……
你仿佛行走在水面上——
脚下的清泉潺潺流淌……

听啊，松软的凤尾草在丛林中沙沙作响，
而那一排排红艳艳的蘑菇，
好像童话里沉睡的侏儒……
夕阳已经西沉……
河水在远方荡漾着清波……
远处那座摇摇晃晃的磨坊
水轮发出阵阵轰鸣……
路上一辆沉重的大车缓缓前行，
时而沐浴在阳光里，时而隐没在林荫下……
老车夫吆喝着驱赶着马儿，
车上坐着一个幼童，
爷爷用有趣的故事逗着孙儿；
一条黑狗垂着毛茸茸的尾巴，
追着大车来回奔跑，
欢快的吠叫声在林涛中回荡，
穿透了那空旷的原野。

冰凌花从种子落地发芽、
生长到开花要花5年时间。

能在冰晶中盛开的花，

一定很开朗吧。

找出你想独自攀爬的6座山，
掷1次骰子，
一个人爬上掷中的那座山吧。

______ 2 ______ 3 ______

4 ______ 5 ______ 6 ______

人要生活幸福，
就得想办法赚钱。
一生最大的精力、
最好的时光，
都集中在了赚钱上，
而将幸福置于脑后，
采取的手段反而成了目的。

——加缪

世界上只有一种英雄主义，
那就是看透了现实，
依旧热爱生活。

——罗曼·罗兰

[redacted]

找出你觉得所在城市最美好的6个地方，

掷1次骰子，去掷中的那个地方

自拍一张照片。

1. ________
2. ________
3. ________
4. ________
5. ________
6. ________

出来(5寸)，贴在这个相框里吧。

人就是要靠爱上什么东西
来维持生命力的。

别怕做那些“没有意义”的事，
这可能是你热爱生活的
主要原因。

找出所在城市里6个安全的地方，
掷1次骰子，
去掷中的那个地方，
用手机给自己录个短视频吧。

旅行?活着就是旅行。

我从一天去到另一天,

一如从一个车站去到另一个车站,

乘坐我身体或命运的火车,

头探出窗户，看街道，看广场，
人们的脸和姿态，这些总是相同，
总是不同，如同风景。

——佩索阿

有哪6个地方是你想去度假的？

把它们写出来，

掷1次骰子，去掷中的地方度假吧。

1 ____________ 2 ____________ 3 ____________

4 ____________ 5 ____________ 6 ____________

吃到一种从来没吃过的美食，
想起一个喜欢的人，
美好的联系，
内核居然是一样的。

找出所在城市的6家美食餐厅，

掷1次骰子，

去掷中的那家餐厅享受美食吧。

[redacted]

 ______　　2 ______　　3 ______

4 ______　　5 ______　　6 ______

在雾中

黑塞

在雾中散步，多么奇妙！
树木、石头，都孤零零的，
没有哪棵树能看到另一棵树，
每棵树都很孤独。

在我轻松愉悦的时候，
我的身边都是朋友；
如今，雾霭弥漫，
却再也看不到一个人。

的确，不认识黑暗的人，

不能称为智者，

黑暗悄悄地，

把他和世上的一切隔离。

在雾中散步，多么奇妙！

人生本来就是孤独的旅程。

没有一个人能读懂另一个人，

每一个人都很孤独。

金钱可以是许多东西的外壳，
却不是里面的果实。

——易卜生

写下想去旅行的6个地方，掷1次骰子，

______

2 ______

3 ______

写下去掷中的那个地方的旅行计划吧。

4 ________　5 ________　6 ________

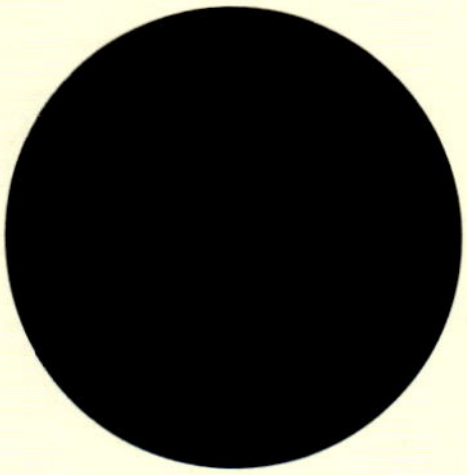

我，

我没有优点。

我接受了我自己，

从此一切都简单了。

——加缪

睡眠是疲劳和压抑最好的良药。

累了就什么都不做，

躺在床上，

好好睡一觉吧。

掷1次骰子，

掷到几，就试着连续几天

在晚上10点前入睡吧。

1天 2天 3天

4天 5天 6天

我很喜欢的一句话:“往前看,别回头。”

翻出你觉得再也不
会用到的6件物品。

掷1次骰子，

扔掉或送走掷中的那件物品吧。

 ________　2 ________　3 ________

4 ________　5 ________　6 ________

谁能尽情享受瞬间的快乐，

谁总是不瞻前顾后地生活在现在，

谁懂得亲切又谨慎地评价路边的每一朵小花

评价每个小小的、嬉戏的瞬间的价值，

那么生活就不能损害他一丝一毫。

——黑塞

1 10分钟　　2 20分钟　　3 30分钟

4 40分钟　　5 50分钟　　6 60分钟

在一个阳光明媚的周末，
将手机调到飞行模式，
掷1次骰子，
掷中几，就晒相应时间的太阳吧。

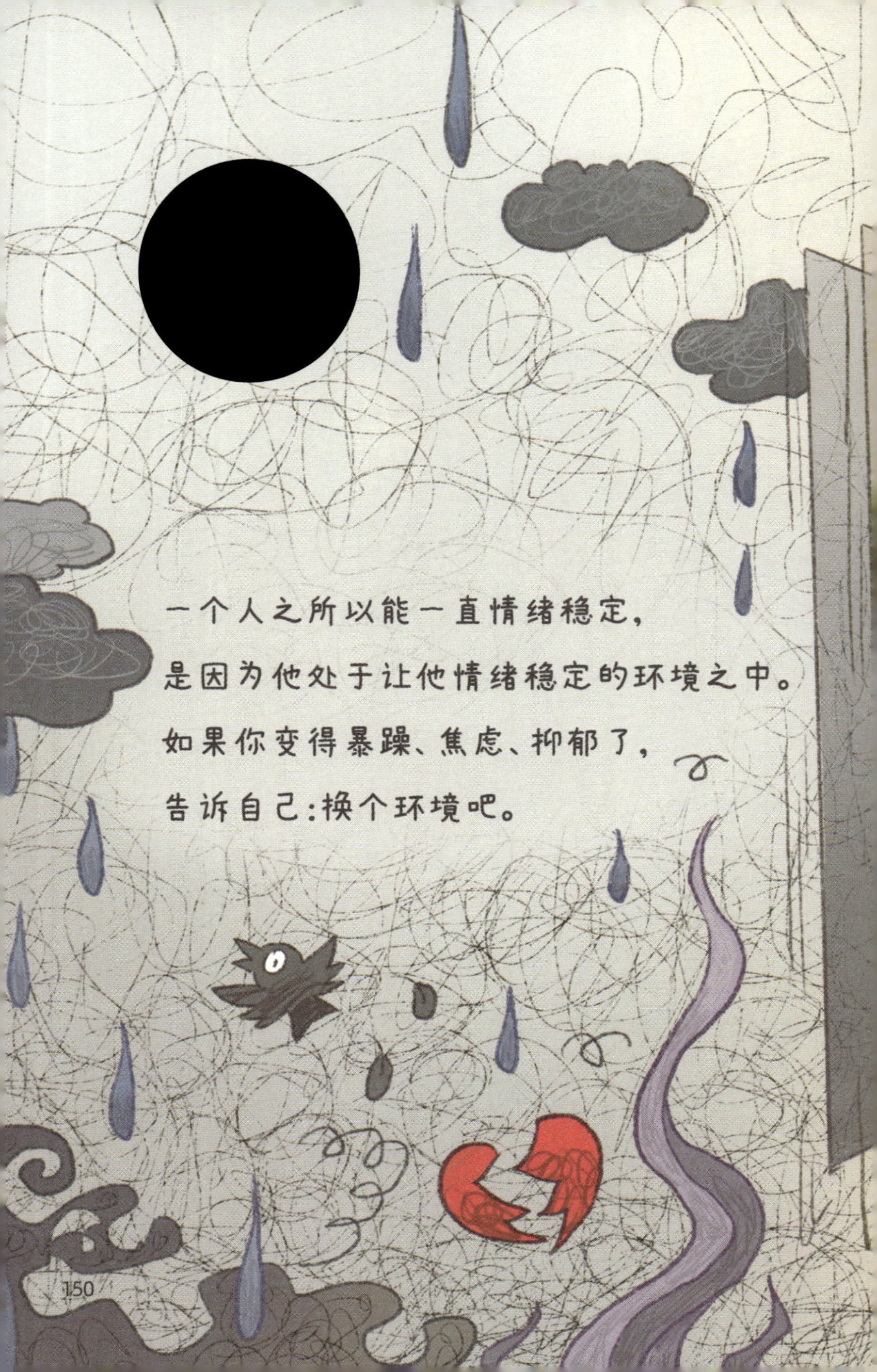

一个人之所以能一直情绪稳定，

是因为他处于让他情绪稳定的环境之中。

如果你变得暴躁、焦虑、抑郁了，

告诉自己：换个环境吧。

去只有自己知道的安静角落，
掷1次骰子，
掷中几，
就一个人待相应的时间吧。

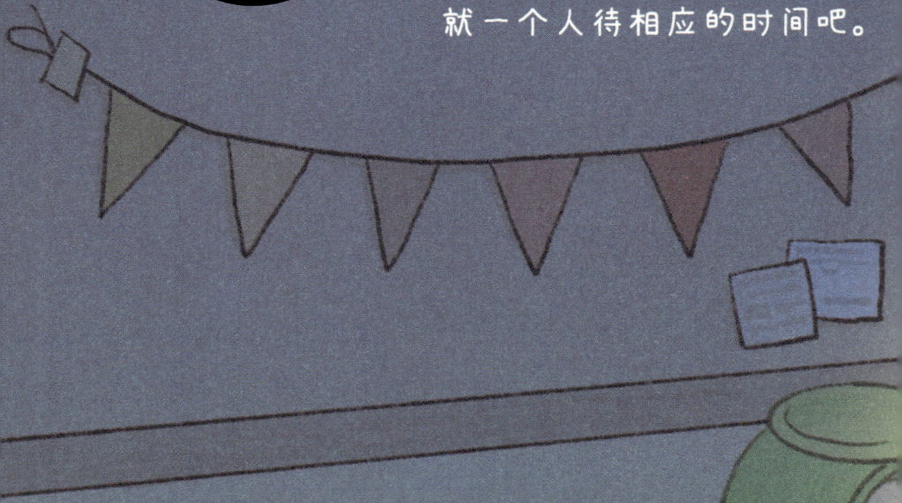

- 1 5分钟
- 2 10分钟
- 3 15分钟
- 4 20分钟
- 5 25分钟
- 6 30分钟

如果我真的对云说话，
你千万不要见怪。
城市是一个几百万人
一起孤独生活的地方。
——梭罗

掷1次骰子，

掷中几，就连着相应的天数

为自己沏上一壶喜欢喝的茶

3天　4天　5天

4 6天　　5 7天　　6 8天

你不是有拖延症，
你只是不确定自己
是不是喜欢那件事。

WED
THU
FRI
SAT
2
3
4
5
9
10
11
12
16
17
18
19
ABC
23
24
25
26
30

[redacted]

写下自己一直想做但没做的6件小事，

掷1次骰子，

马上开始行动，

完成掷中的那件小事吧。

1 ________　2 ________　3 ________

4 ________　5 ________　6 ________

你能从圆心画出多少半径，

生活就有多少种方式。

——梭罗

找到6首轻音乐，

掷1次骰子，

选中1首，

戴上耳机，

闭上眼睛，

单曲循环到心情舒畅吧。

2
3
4
5
6

将焦虑的事情写在纸飞机上，

让它随风飞向远方吧。

请记得：一切终将过去。

准备一盆温水，泡脚20分钟。

掷1次骰子，掷中几，就坚持几天吧。

1天　　2天　　3天

4天　　5天　　6天

当我看过更广阔的世界，

我的内心变得更加丰盈而深邃。

写下自己最想看到日出或
日落的6个地方，
掷1次骰子，
去掷中的那个地方看日出或日落
拍下那个瞬间，
发到社交媒体吧。

2
3
4
5
6

我们都生活在阴沟里，
但仍有人仰望星空。
——王尔德

[redacted]

找出自己最想尝试的
6种发型或穿衣风格，
掷1次骰子，
尝试一下掷中的那种新风格。

2
3
4
5
6

我想我应该学着做一个捏捏乐，

无论生活把我捏成什么样子，

我总能找回自己的模样。

[redacted]

在购物平台上搜一下“捏捏乐”，
选6个自己喜欢的捏捏乐，掷1次骰子，
买下掷中的那个。

在感到压力大的时候捏一捏，

放松一下吧。

生活就像一张1000片的拼图，

有时候我甚至找不到自己的位置，

但我知道，

每一片拼图都是唯一的、

不可或缺的。

选出6幅自己喜欢的拼图，

掷一次骰子，

买下掷中的那幅，

空闲的时候拼一拼吧。

不要着急，最好的总会在最不经意的时候出现。

——泰戈尔

财

后来你会发现，

能治愈你的是睡觉，

是美食，

是动物，

是金钱，

但绝不会是另一个人。

——罗素

我知道我可能中不了大奖，
但生活的彩票，
我每天都在刮。
掷1次骰子，
去买与所掷张数相同的彩票，
看看能中多少钱吧。

 1张  2张  3张

4张　　5张　　6张

你无法控制风，但你可以调整你的帆。

对待生命不妨大胆一点，
因为你终归要失去它。

——尼采

2
3
4
5
6

写下自己最在意的6个人，
掷1次骰子，
请问一问掷中的人，
他/她最想对你
说的话是什么吧。

在这隆冬里，
我终于知道，
我身上有一个不可战胜的夏天。
——加缪

选出自己喜欢的6种小盆栽，
掷1次骰子，
从中选1种，

学习关于它的养护知识，
将其摆在自己经常可以
看到的地方，看着它生长吧。

音乐是精神世界和感官世

之间的桥梁。

——贝多

将自己想去现场感受的

6位歌星的演唱会列出来，

掷1次骰子，
去掷中的一场吧。

4 ________ 5 ________ 6 ________

世界上任何书都不能带给你好运，

但是它们能让你悄悄成为你自己。

——黑塞

写下你知道的爱读书的6个人，
再买一本对你影响最深的书，
掷1次骰子，
在书中写上祝福的话后，
送给掷中的那个人吧。

Coffee.

爱自己，

是终身浪漫的开始。

——王尔德

Life
Bes

用软件将“我爱你”翻译成6种语言并写下来，

掷1次骰子，

将掷中的那句翻译说给他/她听吧。

2
3
4
5
6

人们说喜欢某事，

其实是通过某事来喜欢自己。

——尼采

2
3
4
5
6

找出6个自己没玩过的游戏，
掷1次骰子，
有空的时候玩一玩
掷中的那个游戏吧。

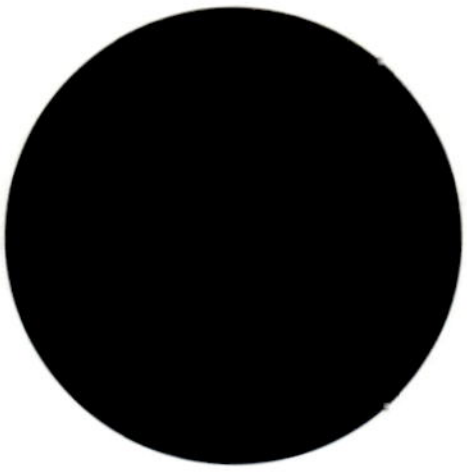

如果感到生活中的负面情绪困扰着你，

请你一而再，再而三，

竭尽所能地治愈自己。

记住，

如果没有人来拯救你，

你要做自己永不退场的拯救者。

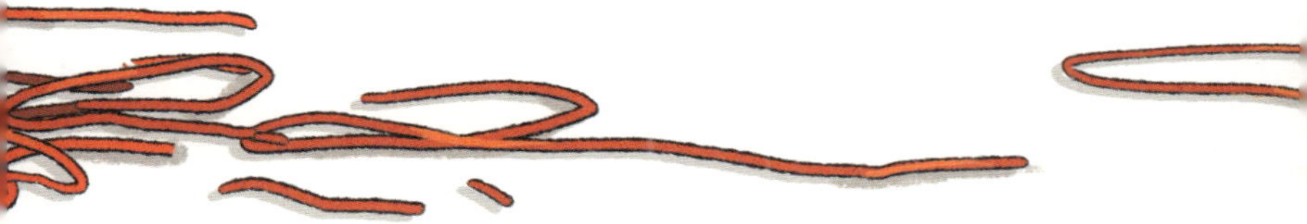

学习和工作的便利贴一张又一张，

我要写下旅行、徒步、读书、听音乐的计划，

缓解焦虑的生活，

我自己来安排！

7月18日
睡觉
7月17日
徒步
月16日

组织一次4人或以上的聚会

选6个游戏，

掷1次骰子，

一起玩掷中的那个游戏吧。

1 ________　　2 ________　　3 ________

4 ________　　5 ________　　6 ________

[redacted]

不管你处在什么样的生活状态里，

你都要明白：

生活的目标是开心。

找出你手机相册里最开心时拍下的6张照片，

给它们命名。

然后，掷1次骰子，

将掷中的那张照片洗出来，贴在上页吧。

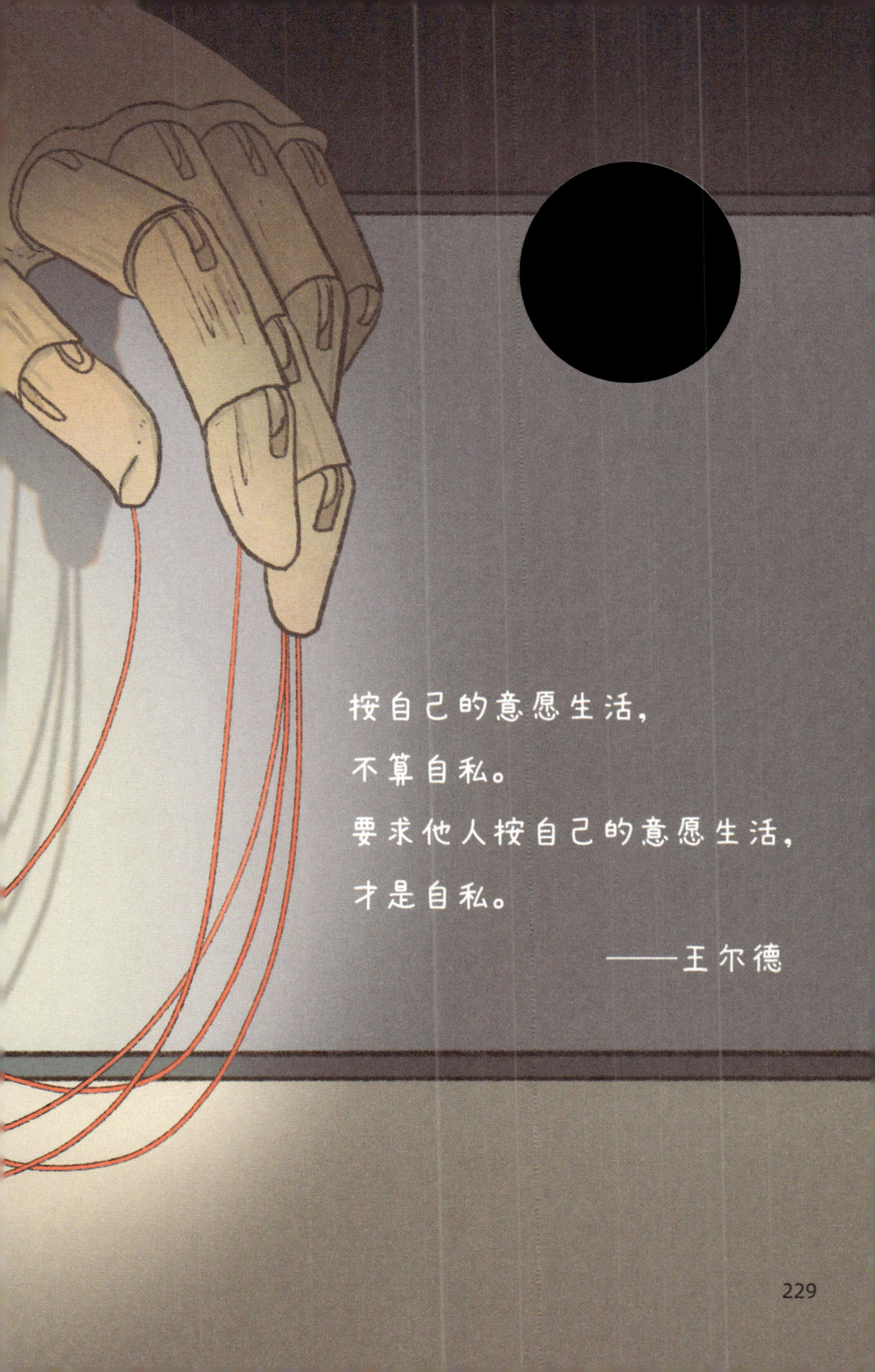
按自己的意愿生活，
不算自私。
要求他人按自己的意愿生活，
才是自私。
——王尔德

以一个敞开的心灵去关注一切吧，

没有暴躁，没有期待，

没有评论，

也没有成见。

——黑塞

写下6个你最想让其快乐的人，
买一本
《天上的太阳有瑕疵，何况人间！》，
掷1次骰子，
送给掷中的他/她吧。

1 ________　2 ________
3 ________　4 ________
5 ________　6 ________

何况人间！
中国妇女出版社

爱是亘古长明的塔灯（节选）

莎士比亚

我绝不承认两颗真心的结合会有任何障碍，
爱情算不得真爱，
若是一看见人家改变便转舵，
或者一看见人家转弯便离开。
哦，决不！爱是一座亘古长明的塔灯，
它定睛望着风暴却兀自不动；
爱是指引迷舟的一颗恒星，
你可以丈量出它有多高，但它所值的却无穷无尽。
爱不受时光的拨弄，
尽管红润的嘴唇和面颊难逃时光的镰刀；
爱不会因为短暂的几个小时和几周而改变，
它巍然矗立直到末日的尽头。
如果我说的是错的，并被证明是不正确的，
那么就算我没写诗，也没有人真正地爱过。

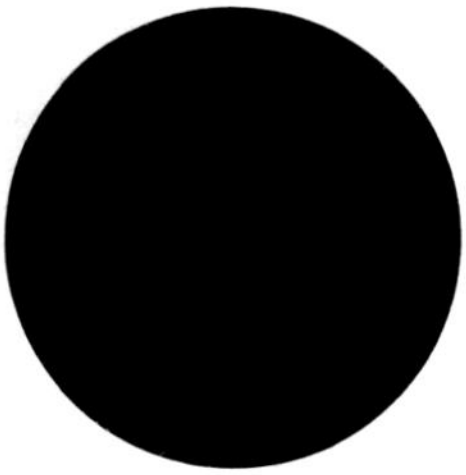